찬샘의 시. 19

바람 춤

반영호 시집

바람 춤

초판 1쇄 발행 : 2016년 4월 22일

지은이 : 반영호
기　획 : 반숙자
편집인 : 박재분
펴낸곳 : 찬샘
출판등록번호 : 제447-2007-000005
주소 : 369-800 충북 음성군 음성읍 시장로 130
전화 : 070-8841-3564. 010-3507-3567
팩스 : 043-873-3567
E-mail : byh050@hanmail.net

※저자와 협의 아래 인지를 생략합니다.
※이 책의 글과 그림에 관한 저작권은 저자와 출판사에 있습니다.
※저자 허락과 출판사 동의 없이 내용의 일부를 인용, 발췌를 금합니다.

ISBN 978-89-97376-32-2　03810

이 책은 충북문화재단에서 지원 받아 제작되었습니다.

‖ 서시 ‖

파도친다고
여울 거슬러 오르지 못할 물고기 없고
바람 분다고
하늘 날지 못할 새 없다
지나온 날 같이
오늘도 내일도 한결같은 모습이길
바람 불 때 그랬듯이
눈이오나 비가 오나
언제나 꿋꿋한
늘 푸른 소나무
하늘에
한 점 구름이 떠간다

2016 봄날 솔밭에서
저자 반 영 호

‖ 차례 ‖

1부. 시간의 門

    12 패러글라이딩
    14 꼬리연
    15 안부
    16 그림자
    18 광대의 노래
    20 사단의 동쪽
    22 참선
    24 트랙경주
    25 가만 귀 기울이면
    26 시간의 門
    27 깨진 잔
    28 길
    29 고결

2부. 망부가 亡婦歌

32 코스모스 길. 1
33 코스모스 길. 2
34 저격의 모순
35 종신終身
36 껍데기
38 패랭이꽃
39 기타
40 그림자

42 산책
43 하회탈
44 인지상정
45 나목
45 마지막까지

3부. 바람 부는 날 강가에서

48 담쟁이덩굴

49 기피증세

51 길

52 비밀

53 함박눈을 짊어진 늙은 소나무

54 바람 부는 날 강가에는

55 된장 끓이기

56 깨진 거울을 들여다볼 때

57 주목나무

58 백발

59 조준

60 인력시장

62 꽃 피운 꽃들은

4부. 길을 묻는데

64 반란
65 시계를 들여다보다가
66 연말이 돌아와도
67 싸인 불
68 고양이 겨울나기
70 하구河口에서
72 낙엽
74 길을 묻는데
75 끝자리
76 쥐똥나무
78 바다 앞에서
80 자화상
81 그리움

5부. 바람 춤

84 숫돌

86 고양이

88 참깨 털기

90 도화

91 배움과 가르침

92 야누스

94 바람 춤

96 분망한 개미

97 뚝배기

98 동굴의 내력

100 깃발

102 바다에 이르러

바람 춤

1부. 시간의 門

패러글라이딩

하늘에 길이 있고
바다에 길이 있고
인생에도 길이 있던가?

새가 되는 꿈을 꾸었다

길 끊긴 절벽 끝에서 길을 시작하는
사고무친四顧無親한 새들

깃이 없는 것들
혀에 독 묻힌 파충류나
비늘 있는 물고기들은 엄두도 못 낼
도전은 언제나 실패를 각오한다, 다만
무모한 활공은
꿈을 가진 자들의 가상한 용기

확신은 벼랑 끝에 길이 있다는 것
절벽에서 비상할 수 있다는 것

끝점이 출발점이다

새들은
새로운 비행길을 개척하며 살아 간다

* 四顧無親 : 사방을 둘러봐도 친척이 없다는 말로 의지할 곳이 전혀 없다.

꼬리연

높이
더 높이 떠오르는 일이었어
바람의 저항은 아랑곳하지 않아, 오히려
바람 불수록 더욱 활활 타오르는 불길처럼
그러나 정작 너의 속셈은
멀리
더 멀리 보내는 일이었어
가물가물 보이지 않도록 떠나보내는 일이었어
비겁하게도 바람을 등지고 있으면서
나만 맞서게 하는 것이었어
보내려거든 고이 보내 줄 일이지 왜
줄로 잡아맸는지
떠나는 게 무서웠어
무서워서 부들부들 떠는 나에게
꼬리를 친다고 욕설을 퍼부었지
속 끓이다 속 태우다
뻥 뚫려버린 가슴만 자꾸 시려온다

안부

구름 한 점 없는 날
새들이 닦아놓은 하늘 길을 더듬어 본다

하늘엔 지도가 없다
지도 없이도
길 잃지 않는 새

오래된 그 사람의 안부가 궁금한 날이다
소식은 멀리 들어야 향기로운가?

맑은 강물에 귀 씻고 들으면
바람에 날려 온 휘파람소리

그 사람의 근황을
바람에게 묻는다
새들에게 듣는다

그림자

눕는 것이 편했습니다
꼿꼿이 서려고 해도 그 사람, Y에 눌려
어쩔 수 없이 바닥 신세를 면치 못했어요
누가 강요하지 않았지만
강요당하지도 않겠지만
발길아래 짓밟힐지언정 스스로 그 밑에 누워 X되기를 자청 했지요
그를 투시하지 못하는 빛의 기능적 장애로 인하여
태양을 우상 하는 직립의 최댓값은 언제나 한결 같아
앵무새가 목소리를 흉내 내는 명수인 것처럼
천성으로 그의 모습을 빼닮을 수밖에 없답니다
완벽한 여과기능 탓으로
언제나 음산한 검은 모습
우월을 뽐내는 그는
늘 한 몸이 아니면서 한 몸 같이 지내자고
그늘이면 어떻고, 응달이면 어떠냐고
그게 그거 아니냐고, 그러나
그늘 아닌 응달에서의 연출은 노출부족으로 현상되지 않았어요
깨달았지요

그 앞에서는 어쩔 수 없다는 것을
또 그를 떠나서는 살 수 없다는 것을
이대로 꼭두각시로
그의 희롱에 놀아난다는 뜨거운 시선을 감내하면서

광대의 노래

눈부신 조명 탓
쩡쩡 울리는 음향 탓
아니다
그저 무대 위에만 서면 박수소리에 귀 막히고 눈이 먼다

언제나 조명은 무대 위에만 고정되고
마이크는 출연자에게만 주어진다

터지는 플래시와 박수소리에
눈이 멀고 고막이 터지는
시야가 어리고 귀가 어두워지면
객석은 보이지 않고
조명도 플래시도 천둥 번갯불로 변하고
꾀꼬리의 아름다운 목소리가 소음이 된다

화려한 조명과 박수를 먹고사는 꼭두각시는
오선지와 스텝이 기억에서 지워지고, 끝내
대사마저 잊어버리고 만다

무대 위에 서면

낮은 객석은 보이지 않는 광대

높은 곳에 선 사람들의 눈과 귀를 의심해 볼 일이다

사단의 동쪽

화병에 발 담그고 애써 웃음 짓는
허리 잘린 꽃들을 측은지심惻隱之心 바라보는 눈빛에는
수오羞惡의 미소 역력했다

누가
상처 깊은 아름다움을 찬양 하는가
누가
가슴 아픈 사랑을 들쑤시는가

처음부터 시기하지 않고 있는 그대로
욕심 없이 순수 그대로

산이건 들이건
도랑이건 강 언덕이건 그 자리에서
제멋에 겨워 흔들려야 했다, 설령
모진 비바람에 사지가 부러지고
목이 잘려도 너는 거기 그냥 서 있어야 했다

눈물겹게 가슴 아파본 사람은 안다

*측은지심 : 사단의 하나. 불쌍히 여기는 마음
*사단 : 사람의 본성인 仁義禮智에서 우러나오는 측은, 수오,
 사양, 시비의 네 가지 마음
*수오 : 자기의 옳지 못함을 부끄러워하고, 남의 옳지 못함을
 미워하는 마음

참선

구름은 하늘의 어디쯤에 떠 있을까

가부좌를 틀고 단정히 앉아 가늘고 긴 호흡을 조절한다
들숨에서 숨이 멈추면
애드벌룬 속 산소가 수소나 헬륨이 되어 부레를 차고
70킬로그램 몸이 새털구름 중력으로 떠
사바의 강을 건너 허공을 지나 아득히 천상으로 떠난다

땅 끝은 어디쯤일까

시간 여행은 날숨 끝에서 별똥별로 추락 한다
무너지는 하늘
꺼지는 땅
무쇠 녹은 마그마가 끓어 넘쳐 강을 이루고
나는 한없이 암흑 속으로 빠져든다

노을이 하늘바다에 인다

평생 기어만 다니는 호박꽃이

후미진 어둔 골목을 환히 밝히고 있네

트랙경주

유리 안의 우리 삼형제 참 부지런한데요
아침부터 저녁까지도 모자라
밤새워 재깍 여요
어제도 그제도 달렸던 그 코스 그 길인데요

호리한 키에 깡마른 막내는 어찌나 나랜지
오르막길 내리막길을 단숨에 내 달리는데요
막내가 한 바퀴 도는 동안 나는 한 발짝은 뛰는데요

문제는 형 거북이를 닮았거든요
어찌나 느린지 속이 다 터진다니까요
그래도 인기는 짱이어서 사람들은 형 이름만 불러줘요

가만 귀 기울이면

숲에 가지 않아도 나무들의 숨소리가 들리고
바람타고 온 파도 소리도 들리는 산사에는

숲에 가면 숲은 없고 나무만 보이더니

강에서부터 빗줄기를 타고 올라온 붕어가
처마 끝까지 튀어 올라 풍경을 친다

시간의 門

문고리 없는 아침은 쉬이 열리지 않는다
밤새 앓은 편두통이 쉬이 닫히지 않는다
어두운 중에도 가장 캄캄한 하얀 불면이
여명의 푸른 능선을 넘고 있다
별을 그리다 잠들 수 없었던 서슬 시퍼런 날(刀)은
꿈에서 꿈을 꾸는 도깨비 환상
몽중장애夢中障碍로 밤에만 살아서 꿈틀대는
꿈과 꿈 사이
밤안개와 새벽안개의 틈바구니에 끼어있다
기쁨이 차오르면 슬픔에 닿고
만남의 시간이 지나고 나면 이별이 찾아오듯이
사랑이 깊어지면 미움 되는 걸까
어금버금한 것들이 가시고 몽환의 문이 열리는 순간
가슴을 쓰는 바람소리
밤을 빚은 풀잎에 이슬이 맺혀있다
꽃은 밤에 핀 꽃이 아름답다

깨진 잔

　얼마나 아꼈는지 모른다 입술에 닿는 느낌이 그렇게 부드러울 수가 없었지 귀할수록 꼭꼭 숨기는 법 누가 볼라, 손이라도 탈까 싶어 깊이 감추고 혼자 즐겼다 귀한 손님 오던 날 내 놓은 옥잔, 헌데 잔을 부시다 그만 떨어뜨리고 말았는데 아뿔싸 금이 가고 말았어 주둥이 쪽에 쬐끔 이가 빠졌을 뿐 버리기엔 아까워 그냥 쓰기로 하였다 술맛 영 아니다
　어느 날 입술을 베고 말았다 날이 선 깨진 모서리 그렇게도 매끄럽고 보드라웠던 주둥이였는데 입술을 할퀴다니 애지중지 아꼈던 것으로부터의 배신 같은 모멸감 동그라니 감촉이 기가 막혔는데 아끼고 사랑했던 것들은 깨지고 나면 날이 서는가! 돌연 무기가 되어 상처를 내고 마는가? 술맛이 쓰다

길

길은 두 갈래
이쪽 아니면 저쪽
기로에선 고라니 한 마리가 고개를 치켜들고 먼 곳을 바라보고 있다

사랑이든 미움이든 처음 시작은 그리움 이였다.
봉우리가 높으면 계곡이 깊듯이
사랑이 깊으면 미움도 깊다

고결

내가 가야할 곳은
냄새 나는 더러운 곳입니다
너나없이 남이 싫어하는 곳
나는 그곳을 좋아합니다.
좋아하지 않으면 안 될
처음부터 타고난 나의 운명입니다.

내 살이 헐어 헤지도록 문질러댑니다
내가 하는 일은
더럽혀진 곳을 깨끗이 닦는 일입니다
나는 걸레입니다.

나로 인해 추함이 반들반들해 진다면
나는 정말 행복합니다.
비록 비천한 몸이지만
진정한 나의 소망은 깨끗하고 청결한 것입니다

2부. 망부가 亡婦歌

코스모스 길. 1

그 길에는 수많은 인파가 도열해 있다

까치발로 발돋움하고
목을 길게 늘이고
손을 흔들어 환호할 때
승리의 함성이 천지를 뒤덮는다

활짝 핀 얼굴들은 하나같이
붉은 깃발이거나 백기를 흔들고 있다

나는 개선장군
늠름하게 그 앞을 열병하는 것이다

코스모스 길. 2

왜
꽃이면서도 화단에 끼지 못하는지
왜 또
하필이면, 길가에 도열하고 있는지
목 빼고 멀쑥이 서서 키득키득 웃고 섰는지

오는 사람들에게
반가이 웃음 짓고
가는 사람들에게
갸웃갸웃 고개를 흔드는지
알쏭한 작태
알 것도 같고 모를 듯도 싶어라

저격의 모순

2.0이 쇠퇴한 0.2의 시력으로
멀리 아지랑이 피어나는 지평선 끝을 바라본다
가위, 바위, 보
자유롭지 못한 운명의 선택은 가위의 편
조용히 숨을 가다듬고
망원렌즈 속 수직 수평 XY선상 클로스 교차점에다 너를 둔다
자세한
좀 더 자세한 너의 모습을 보기위하여
가까이
좀 더 가까이 끌어당긴다
정확하고 똑바로 바라보겠다고
눈을 크게 뜰 필요는 없다
안면 근육을 찌푸려 최대한의 실눈만이 아니고
아예 한쪽 눈을 감아 버리는 것이다
네 눈과 내 눈이 가늠쇠 위에서 반짝 마주치면
가위의 집게손가락이 조심스레 떨린다
"탕"
골짜기를 부딪치는 굉음은 언제나 메아리로 되돌아 온다

종신終身

외로이 홀로 우는 통한의 밤은 깊어라

메마른 가지 끝에다
발악으로 목을 매는
아직도 겨울로 가지 못한 철 잃은 가랑잎 하나

서럽게 피어오르던 마지막 열꽃이
이제는 돌이킬 수 없는 부재의 시간 앞에서
이단의 역풍이 되어
옷섶을 흔들고 있다

얼룩지고 찢어진 만신창이의 몸이지만
한 시절
푸르고 푸르던 엽맥葉脈이었다

죽어도 죽지 못하는 영혼의
저 처절한 운명

껍데기
망부가亡婦歌. 1

하늘 바라보는 버릇이 생겼다
수많은 별들이 반짝거린다
양떼를 지키던 갈데아인들의 별자리
그리스 신화 속의 이름들
황소자리 오리온자리 시리우스 쌍둥이자리 알데바란
북두칠성 삼 토성 십자성 큰곰자리별 제각기 다른 수많은 이름들

아들의 엄마
아내는 아들의 이름 속에 묻혀 살다 갔다

전기요금 전화요금 상하수도요금 등 공공요금 용지에도
국세 지방세 면허세 주민세 자동차세 등 세금 부과 용지에도
혼인계 연반계 상포계 부녀회 장부에도
아내의 이름은 없었다

아들을 모르는 사람들이나 주변 사람들은
누구 회장 사모님이라 불렀을 뿐
아내의 이름을 부르는 이는 없었다

이름 없이 살다간 아내는
그냥 어머니며 사모님이었다

지방을 썼다
亡室孺人 陽平李氏 神位 망실유인 양평이씨 신위

그래도 사후에는 이름까지는 아닐망정 성이라도 쓰게 되었다

패랭이꽃
망부가. 2

아내의 묘소엔 봉분이 없다
봉분 대신 패랭이꽃이 피었다
빨강도 아니고 자주색도 아닌
빨강과 자주의 중간색인데 어찌나 고운지
나중에 안 일이지만 꽃말이 '부인 사랑'이라니
제대로 심었구나 싶다
아내의 묘에 부인 사랑 꽃이라면, 내게
꽃 중에 이보다 더 어울리는 꽃이 어디 있겠는가
그런데 왜 자꾸 뒤통수가 가려운지
얼마나 민망하고 남세스러운지
살아생전 왜 그런 말을 모르고 살았는지
미안하고 죄송한 마음만 가득한데
엉뚱하게도 휙 스치는 핑계
꽃말이 부인 사랑 말고 부군 사랑인 꽃은
왜 없을까

기타
망부가. 3

너를 가슴에 안고
네 가슴을 이 가슴에 품고
울어야 했다
울지 않으면 안 된다
어느덧 통곡할수록 슬픔은 기쁨으로 울려 퍼진다

물결 이는 밤, 옥죌수록 강하게
온 몸으로 터져 나오는
처절한 내곡성內曲聲
강하면 높이 올라 결국 파열음으로 흩어지고

굵으면 낮고
가늘면 높아지는 울음소리
팽팽한 여섯 줄 곡예
고비를 넘는다
날마다
여섯 줄에다 몸서리로 목을 맨다

그림자
망부가. 4

풍경 중에 유독 한 곳을 바라본다
망원렌즈로 당겨 고밀도로 섬세하게도 보고
멀리 밀쳐 우아한 품격의 자태도 살핀다
이 길로 주욱 가면 그대 만날까
눈여겨 그 한 곳에 눈 떼지 않으면
필시 한걸음에 기어이 닿을 것만 같은
바라보는 마음이 종교인들 다를까만
이편에 서서 안쓰러움에 가슴이 젖고
어디선가 종소리 풍경소리 고요히 들려오는 듯
점점 그대 있는 곳에 안개 일고
끊길 듯 이어지며 흔들리는 초점
 눈 씻고 건너다보면 여전히 그곳에 오기로 웅크리고 앉아 있는
 아련한데 사람
 어쩌랴, 이제는 갠지스 강 너머에 있는데
 그늘 몸으로 꿈만 꾸다 지쳐 버리고 말

어딜 가든 붙어 다니는 그림자
지금, 아득한 거리에서 서로를 바라만 보고 있다

산책
망부가. 5

강물의 유혹에 따라 천변을 걷는다
재잘거리는 물소리
흘러간 만큼 유입되어 채워지는 곳
다시 여울목께로 발길을 돌린다
물살에 구르고 굴러
사연의 끈을 맺었을
저 많은 인연들
강자갈이 동글동글한 이치를 이제야 깨닫는다
아직도 이루지 못한 한이 있어
소용돌이치고 있는 순정들 앞에
가무잡하게 회상되는 먼 기억
주파수가 없는 생각의 날개지만
회귀를 유도한 연어들의 사이클에는
강력한 유인 장치가 연결되어 있다

하회탈
망부가. 6

그늘 밑에서도 환하게 피는 꽃을 보면
내안에 숨어있는 터지지 못한 멍울이
꿈틀거렸지, 불 화산이 터질 듯이
마음 한 켠 움츠리고 있던 뜨거운 마그마가
부글부글 끓어올랐지
이 빠진 안동 할아버지의 쭈굴쭈굴한 김빠진 미소
수심 가득하니 멋쩍게 미소 짓는 허탈감이
오히려 푸근해지는
막노동이 몸에 밴 노인의 넉넉한 품
끝내는 기폭제 되어 산산이 부서진다, 그러나
천둥번개를 동원한 소나기가 아니고
몰래 내리는 이슬비였어

인지상정
망부가. 7

가을을 깊어지게 하는 귀뚜라미는 또
가을의 깊은 잠을 깨우기도 한다
던져버리면 그만이 아님을 깨우쳐주는
부메랑의 회귀본능
꼭 작년 이맘때 였어
마지막 떨어지는 잎을 바라보며 이별의 노래를 불렀다, 오늘
더 큰 상처로 돌아온 아픔이 옹이로 굳어져 지워지지 않는데
혁명을 꿈꾸는 바람은 그때처럼 자꾸 또 나무를 흔들며
풀리지 않는 매듭을 옭죄고 있다
마음은 따뜻하지만 차가울 수도 있다
아―절대 절명의 순간에도
믿을 건 오직 믿음 뿐

나목
망부가 8

매일 아침
낯선 날이 밝아도
바람에 흔들리지 않는 무딘 감각은
요지부동 침잠해있다
품보다 큰 옷을 입어도 매무새 나던 몸매, 이제는
북풍한설에 시퍼런 정신만이 말똥말똥 살아있고
지친 듯 **뼈**만 앙상하다
겨드랑 밑에 돋아나던 그 푸른 꿈들
모두 어디로 사라졌을까
그리움에 지친 눈물이 짓물러
응고된 송진이
상처 난 옹이에 훈장처럼 달려있다
모두 접는다는 것은 곧 죽음이건만, 마치
속세를 떠나듯 훌훌 털어버린 저 가혹한 결단

마지막까지
망부가 9

죽어서도 수직을 고집하며 꼿꼿이 선 나무여

3부. 바람 부는 날 강가에서

담쟁이덩굴

길을 가다가 벽을 만났어
난감했지
아무리 궁리 해봐도 앞으로 나갈 방도는 없고 옆길마저 없으니
되돌아가는 수밖에 답이 없는 거야
돌파구 없는 꽉 막힌 진퇴양난 막다른 길목에서
서성일 겨를도 없이 엄습해오는 두려움에 가슴조이며
덩굴손을 힘껏 옥죄었지
답답한 생각을 단정히 정리하고
뒤엉킨 고민의 가지를 치고
눈 딱 감고 오르기로 했어
존재하는 모든 신에게
제발 무사히 오르게 도와주소서
기필코 벽을 정복시킬 수 있도록 용기와 굳센 힘을 내려주소서
간곡한 기도를 했지

몸을 최대한 벽에 밀착시켜 딱 붙이고
숨소리조차 죽여 가며 조심조심 기는 거야
간이 콩알만 한데 가슴은 벌렁거리고 심장은 쿵쾅쿵쾅 요동을 쳤어
평평한 길만 길이 아니더라고
기어이 난 가파른 수직의 벽을 점령하고 말았지

기피증세

장군바위 앞에 서면
아무 잘못 없이도 주눅이 들었다
큰 산의 일부이면서 그 앞에 당당할 수 있다는 것

달걀로 바위를 친다고 비웃지 마라
세월이가면 바위는 부서져 모래가 되고
끝내는 그 모래 위에서 병아리로 부화 된다

언제고 챔피언은 바뀐다

세상엔 영원한 일등도
영원한 꼴찌도 없다

내 생각 속에는
실현 가능한 것보다 허황한 것들이
창궐하였다, 그러다보니
남 앞에 떳떳하게 나서지 못하는 것이다

길

어딜 보아도 길은 있고
길 따라 오가는 분주한 사람들
꼬리를 물고 늘어지는 차량행진
대열 속에 끼지 못한 나는 누구인가
그 많은 길 중에 내가 가야할 길은 어느 곳인가
이 길로 곧장 가면 푸른 꿈이 나타날 것 같건만
눈 씻고 보아도 나의 길은 쉬이 보이지 않는다
바라보는 것만으로도 어지러운 내 좁은 시야
길 끝을 추측으로 더듬어보면
거기 어둠속에 활활 타오르는 거대한 불길이 있다
길을 찾기 위해 나는 또 짐을 풀기도 전에
다시 짐을 싸고 있다
푸른 만큼 깊어진 바다와
푸른 만큼 높은 하늘
내 생각의 폭이 거기에 이르는데…

비밀

침묵해야할
영원히 침묵해야할
무덤까지 지켜가야 할
소중하고 존귀한 비밀
위험인 줄 알면서
마음과 마음의 틈새를
살금살금 고양이처럼 부뚜막 넘보는
누군가가 엿보고 있는 것만 같아
더 들키고 싶지 않아 꼭꼭 숨기는
바람의 손에게 은밀히 쥐어주며
당부하고 또 당부할
흙속에서 영롱하게 빛나는 고매한 사랑
사랑아

함박눈을 짊어진 늙은 소나무

멋들어지게 늘어진 소나무 가지 끝에
뽀얀 솜 같은 함박눈이 소복하게 쌓였다
오래전 어느 시골 이발소에서 본 듯한
한 폭 동양화
힘겹게 버티고 선 무게만큼 만만찮은 세상
쉽게쉽게 살다가는 큰코다친다고
자칫 부러지고 만다고
거친 껍질이 보여주는 고단한 삶
나이든 소나무답지 않게 맑고 푸른
청백의 조화
뾰족뾰족한 솔잎 끝에 묻어나는
꼬장꼬장한 훈장의 날카로운 눈매와
결코 꺾이지 않을 맵고 올곧은 선비자세가 엿보인다

바람 부는 날 강가에는

물결이 밀려온다
밀려가는 물결은 없다
그리움이란 파고만큼의 크기로 요동친다
물가에 앉아 수평선을 바라본 이는 안다
쉼 없이 애틋하게 밀려왔다가
조용히 흘러가는 물결
수많은 사연이 길게 꼬리를 물고
산허리를 돌아 사라져가도
파도는 또 밀려오고
그리움은 또
자꾸만 몰려온다

된장 끓이기

정말로 처음부터 그럴 맘은 없었어
달래느라 갖은 양념 다해가며
윽박지르고 아우르고
나중엔 고춧가루까지 뿌리게 될 줄이야

순하고 얌전한 네가
그렇게 독한 줄은 몰랐다
부글부글 끓이며 속 다 뒤집어 놓을 때서야
비로소 또 다른 너의 뒷모습을 발견하고 놀랐지

눈물에 콧물에 오열하며 진실을 토해낼 때
와! 정말이지 뚜껑 확 열리는 줄 알았지
세상은
지지고 볶고 찔찔 거리며 산다던가?

깨진 거울을 들여다볼 때

복사기를 돌릴 때마다
똑 같은 모양의 그림들이 거짓 없이 그대로 찍혀 나올 때
나는 정말 싫증이 나고 지겨웠다

아무리 들여다봐도
못난 나는
못난 그대로 비춰졌지

쨍그랑 깨지던 날
수많은 모습으로 나는 빛났다

주목나무

수억만 년 동안 빙하로 얼어붙었던
정지된 시간을 깨운 알프스의 계곡에는
살아서 천년
죽어서 천년을 사는 주목나무는
잎과 나무껍질과 뿌리까지 온통 독이다
그런데도 날다람쥐며 새들이 깃드는 것은
주목의 달콤한 열매 때문이다. 만약에
주목이라도 없었다면
알프스는 주검의 계곡으로 잠들어버릴 것이다.

백발

한가한 날 아내가
심심풀이로 뽑던 새치
알게 모르게 점점 더 깊어진 인고의 세월

눈 온 날
빵모자를 쓴 장독대의 항아리

조준

정신 바짝 차리되
눈을 크게 뜰 필요는 없지

먼 곳일수록, 아니
세밀하고 또렷한 실상을 보려면
두 눈이 필요 없지

한쪽 눈이면 충분해

아예 한쪽 눈을 감아버리고
동공을 좁히는 거야

너와 나 사이가 수평선상에서
또렷이 만난다

인력시장

 버스를 기다리며 줄을 서 있듯 차례를 기다리고 있다

 비뚤어지거나 이탈된 열 사이로 담배연기가 흐르고
 껌 씹는 소리가 무료를 깨운다

 이팝나무 군락지
 지구저쪽 중국이거나 필리핀 스리랑카 방글라데시 러시아
 이방인들이 난민처럼 끼어든 수입종 외래향기가
 언어의 소통을 어지럽힌다

 수화가 가르치는 것은
 구레나룻 짙은 에이브러햄 링컨의 초상을 떠올리게 하는 것이다

 무료하거나 긴 기다림도 감내할 수 있는 것은
 둥지에서 먹이를 물고 올 어미를 기다리는 주둥이 노오란 새끼들의
 귀여운 모습 때문이다

거기서는 무색한 장유유서長幼有序
나이든 어르신들의 대우가 소홀하다

꽃 피운 꽃들은

꽃잎 떨굴 때를 안다
꽃대 밀어 올릴 때부터 이미

잎이 마르기 전
뚝뚝 눈물 흘리지 않을 만큼의 슬픔으로
이별을 준비하고
깨지지 않을 만큼의 기쁨으로

4부. 길을 묻는데

반란

나약한 것들은 권세 앞에 낮게 엎드리고
고고한 것들은 우뚝 서 의스대는 것인가
동산 소나무 밭에는
늙은 소나무들이 여전히 푸른 기개로 숲을 점령하고 있다
누가 이 요새를 침범하랴

길 아닌 허공을 길 내어 나는 새처럼
그곳이 금단의 길임을 알면서도
평생 엎드려만 살던 칡넝쿨이
난공불락難攻不落의 요새를
치세영웅을 꿈꾸며 뿌리를 내렸다, 감히

백년을 살아도 한길이듯
일 년을 살아도 한길

그늘 밑에서
느리고 느린 몸짓으로 기어오르더니

소나무의 그, 푸른 득세를 뒤덮고 말았다

시계를 들여다보다가

달리고 달렸다, 그러나
세상은 돌아가는데
내처 달려도,
정신없이 돌아가는데
달리고 달려도 제자리
허공에 매단
삶은 제자리

가만히 돌아보면
그나마 고마워라
결코 흐트러지지 않은 모습 그대로
여전히
누가 나를 훔쳐보고 있는 것 같다
초라한 꼴을

다람쥐가 쳇바퀴를 돌리고 있다

연말이 돌아와도

새싹이 돋을 때부터 미뤄진 이별은
볕에 발하고 비바람에 씻겨 낡았어도
묵은 것들이 다 그러하듯이 무거워져서
외진 나무그늘 밑이거나
산모퉁이를 돌아서면 내려놓을까 싶었지만
그때마다 망설이다 돌아섰다

오래된 것들은 묵은 때가 고슬고슬 낀 채
반들반들 길이 든다

너무도 익숙해져
이제는 굳어지고만 옹이로 남아 무뎠어도
열어보면 헤식은 미련이 고스란히 담겨있다

낙엽과 함께 떨궈 버려야지
다짐했던 이별은
순한 침묵 속에서 장아찌로 쩔듯이 여전히 남아있다

싸인 불

고추 먹고 맴맴
담배 먹고 맴맴

필기할 때처럼 왼쪽에서 오른쪽으로 뱅글뱅글 돌아간다

한참을 바라보면 녹슨 머리도
멎었던 가슴도 회전이 가속 된다

생명 없이 움직이는
머리 없이 살아있는
저 맹랑한 원격조작의 힘은 어디서 솟는 것일까

고양이 겨울나기

따뜻한 방안에 틀어박혀
실타래만 굴리며 보낸 한겨울
엉킨 매듭을 풀다가 옭매진 곳은 물어뜯기도 하고
심술이 나면 데굴데굴 구르며 발광할 때도 있었지
헌데 어느 날
실타래가 문밖으로 또르르 굴러갔어
대청마루를 지나 봉당에서 마당으로 구르더니
개구멍으로 쏙 빠져나간 거야
허~참! 기가 막혀
어디로 갔을까, 털을 세우고
마술 걸린 실타래를 쫓아갔어
영하의 숲에는 옷도 입지 않은 씩씩한 나무들이
의기양양 손을 번쩍 들고는 초라한 나를 비웃고
깊은 명상에 잠긴 바위는 돌아앉은 채 쳐다보지도 않는데
  가시덤불만 자꾸 옷깃을 잡고 늘어졌어
  그러다 칡넝쿨이 다리를 거는 바람에 그만 고꾸라지고 말았지
  근데 거기 내가 엎어진 자리에 실타래가 있었고, 풀섶엔
  노오란 새싹이 수줍게 피어나고 있었어

오-! 안녕?
풀린 실을 되감지 않기로 했어, 오히려
언덕 아래로 굴러가도록 떠 밀쳤어
굴러라
굴러가라
멀리, 더 멀리까지

하구河口에서

억세고 푸르던 혈기가 누렇게 물들여지는 가을 끝자리

느릿느릿한 지친 강물을 바라보며, 지금 나는 강 하구 둑에 서 있다

골짜기를 빠져나와 개울을 지날 때는

온 세상이 내 것 같았다

때론 거센 물살에 허우적거리고

보洑를 만나 곤두박질도 치고

소용돌이에 휩싸여 혼비백산 줄행랑을 치기도 했지만

뒹구는 재주하나 있어

여기까지 굴러오는 동안

각지고 모난 성격은 어느 듯 무뎌졌다

낮게 낮게 아래로만 가라던 말 되뇌며

아무도 기다려주는 이 없어도 그저 앞만 보고 달려온 세월

돌이킬 수 없고 거스를 수 없는 과거가 남긴 시간 속에서

아직도 몽우리로 남아있을 뿐

피어보지 못한 꿈 이대로 영영 접을 수 없어

오르지 못할 바에야, 차라리 아래로 아래로만 흘러 가리라며

낮은 곳의 맨 끝 바다를 향해 치달았다

바람에 억새 잎이 나부낀다

필시 꽃대 밀어 올리려는 몸부림

다들 이미 터트리고 난 뒤

난 기필코 죽어서도 죽지 않고 피어올라

한겨울 독야백백獨也白白 하려는 심사

가을 끝자리

느릿느릿한 지친 강물을 바라보며, 지금 나는

강 하구에 있다

낙엽

여리고 부드러운 것들이
연화煙花로 앙증스럽게 피어날 때 있었다.
치닫는 거친 세파와 당당히 맞서며
가파른 절벽도 질풍으로 내달아
거침없는 기세로 고지를 탈환하고
만세도 불렀다

어느새 부드러운 것들이
딱딱하게 굳어질 즈음
태양은 서산마루를 향해 고꾸라질 때
노을은 붉게 일었다

또 다른 길 모색할 즈음
환승의 차편 기다릴 즈음
아무리 붙박이로 조준된 총구에서 발사된 탄환이라도
꼭 한 과녁에 똑같이 박히지 않고

한번 흘러간 강물이 다시 거스르지 않듯이
꽃 진 자리에 꽃은 다시피지 않았다

여리고 부드러운 것들이
황엽으로 지는 날
사람들은 찢기고 탈색된 것들을
아름다운 단풍이라 불렀다.

길을 묻는데

봄비가 철철 내리는 날
충주시 앙성면 지당리로
교회에서 심방을 나갔다
헌데 집을 몰라 묻기로 하였는데
통 사람이 보이질 않는다
간신이 경운기를 끌고 가는 농부를 만났다
"말씀 좀 묻겠습니다. 지 집사네 사는 집이 어디지요"고 묻자
지집사내 살지 않는 곳이 있느냔다
지당한 말씀
지당리에 계집 사내 살겠지

끝자리

낮은 곳만 길 내어 가던 강물
멀고 긴 여정의 종착역
바다 앞에서 바다 너머를 바라본다

수시로 얼굴을 바꾸는 천의 얼굴
구름 뚫고 내려온 하늘이
바다와 만난다

푸른 물감에
흰 물에 섞어야 그려낼 수 있는 색깔은 또
흰 물에 파란 색깔을 섞어야 했다

너에게 나를 더하면
나에게 너를 섞으면
하늘이 되고
바다가 될까

쥐똥나무

죽도록 싫어하는 쥐를 막기 위해 담을 치다가
담이 되어버린
안과 밖을 가르다가
안도 아니고 밖도 아닌 신세가 되어버린
쥐의 꼬리도 본적 없는데
어중한 선에 주저앉아 쥐 타령이나 하는
내 이름은 쥐똥나무입니다
왜 하필 근사한 이름 다 놔두고
쥐 나무도 아니고 쥐의 똥 나무라고 하는지
누가 쥐가 되고 싶겠어요
한때는 인기 짱이었던 장발족
머리를 깎았습니다
눈꼴사나와 못 보겠다는 주인아저씨의 성화에 못 이겨
스포츠로 깔끔하게 쳤습니다
누가 압니까?
내 짧은 머리위에

쥐 눈 닮은
쥐똥 같은 씨앗 몇 알 열릴는지
담장 뒤에서 도선생이 씨-익 웃고 있네요

바다 앞에서

파도가 밀려온다
그리움처럼 밀려온다

높고 높은 하늘의 끝이었을
저 멀리 아득한 수평선 끝
어느 곳이 하늘이고
어느 곳이 바다인가

하늘과 바다가 하나 되어
조우하던 그곳에서 잉태한 그리움이
파도가 되어 밀려온다

갈매기 울음소리에 맞춰
너울너울 춤을 추며 밀려온다

바람 없이 고요한 날에는
은하수보다도 많은 은비늘이
서로 떨어져 있는 연인들의
허전한 마음 바다에 다투어 반짝이고
가슴 뭉클한 사연들이 안개처럼 피어오른다

바다는 변덕쟁이
깊이를 모르듯이 속마음을 잴 수 없는
때론 철썩철썩 물볼기를 치고
때론 속 깊은 이의 잔잔하고 온화한 미소

또다시 파도가 밀려온다
그리움처럼 밀려온다

자화상

사과 쪼개기 명수
연애박사 그 녀석
벌 나비처럼 쏘다녔지

또 심술이 난거야
사과를 딱 쪼개자
오~호, 거기
데칼코마니

오도카니
화석으로 박혀있는
나비 한 마리

그리움

그리워 그리운
가까이 다가가기조차
망설이며 서성이는
그리다 그리다가, 지쳐
쓰러져도 좋을 사람

정녕 그리운 사람은
그리워하기 전에, 이미
가슴에 와 있다

그리운 것들은 다 떨어져 있다
멀리 떨어져 있어야 더 그립다
그리운 사람은 외로움을 탄다
행복한 사람은 외로움을 모른다
외롭지 않은 사람에겐 그리움도 없다
떨어져 있어 봐야 외로움을 알고
외로워 봐야 그리움을 안다

그리운 그 사람은
그리워하기 전에
이미 내 가슴에 와 있었다

5부. 바람 춤

숫돌

칼날 앞에 얌전해야한다

마취되어 모든 걸 포기한
수술대 위의 암 말기 환자
첫날밤을 맞은 신부는 그래도 행복하다
교수대에서 삶의 자투리를 고민하는 사형수

칼날을 거부할 명분은 없다
고분고분 사명을 다할 때
닳고 닳은 몸
한 모금, 목을 축이고
부대낄수록
번득이는 섬광 푸르게 빛난다

홀쭉해진 허리
움푹 들어간 뱃살

초승달이 뜬다
오늘도 목이마르다

고양이

으슥한 골목길 한 구석 생쥐 한 마리
쓰레기 봉지 속
썩은 생선 노리고
살금살금, 어둠의 촉각을 세우면
역광이 번뜩인다
칠흑 밤을 밝히는 범 닮은 고양이는 또
생쥐를 노린다
두려움에 떠는 그림자의
끝없는 무리수
한계에도 불구하고 영원을 외쳐대는
독립성 강한 대입법에 의한 이온결합체
페닐에틸아민 지속성에 도전할 때
콩깍지가 씌워진 불균형이 초래한
감정변화의 합이 '0'인 도킹 시스템
자꾸 멀어져 가는
지나간 순간들이 추억될까봐 불안하다
생쥐는 찍소리 한마디 지르지 못하고

밤새도록 울음을 그치지 않았다.

끝이 보이지 않는 동굴 속 긴 터널을 지나
기약 없는 블랙홀
아쉬움을 쫓아버린다는 것
삶을 탈환 한다는 것

참깨 털기

아이들 다뤄본 솜씨가 제법이다
대님을 동여매고 커플달리기 중인가
줄을 서게 하고는
짝지어 허리까지 꽁꽁 묶어놓았다

머리띠 질끈 동여맬 때부터
사태가 심상찮음을 알았지만
체벌 금지법이 제정되었으니
설마니 회초리야 들겠느냐 싶었는데, 세상에
고백하라
고백하라고 으름장을 놓더니만
물구나무까지 서게 한 다음
멱살 잡고 사정없이 휘둘러댄다

도대체 무슨 잘못을 저질렀을까
기도가 막힌 저 아이들

두들길 때마다 토해내며 반성의 기미 보이건만
고소하다고 오히려
매질 끊이지 않았다

아이들이 벌러덩 나자빠져 있다
하늘이 노랗다
깨소금 맛이라고, 고추잠자리가
머리 위에서 맴돈다

도화

꽃이 흐드러지게 만발할 때부터 알아봤다.
넘치는 끼의 발산을 눈치 챘지마는
하트 심벌을 내놓고 운운할 때는
어린 것이, 혀 내두를 일일이지
담장淡粧하고
낯 뜨거운 백옥 살 부끄러운지 모르는 채
하트 심벌 자랑했다

배움과 가르침

 평생 선생질만 하다가 퇴직하여 꿈에도 그리던 전원주택을 짓고 자그마한 과수원도 장만한 교장선생님 나무 다루는 일이나 아이들 가르치는 일이나 엇비슷할 거라는 생각만으로 시작했으나 가르치는 일에서 배우는 학생이 되어 낮에는 일하고 밤에는 공부해야만했다 지 욕심은 많아서 사과나무 복숭아나무 포도나무 감나무 자두나무 골고루도 심었는데 나무마다 농사법이 달라 이 나무 배우고 나면 저 나무 공부해야하고 저 나무 마쳤는가 싶으면 또 다른 나무 배워야하고 끝이 없더란다 심어놓기만 하면 저절로 달리고 자라 따먹기만 하면 되는 줄 알았던 과수농사 과실이 굵어질수록 늘어지는 가지 그러기에 과감히 쳐냈어야하고 인정사정 없이 따냈더라면 가지가 찢어지는 아픔은 없으련만 인정에 끌려 이리재고 저리 재다가 그 지경에 이렀잖은가 늘어진 가지 끌어올려 잡아매고 작대기로 떠받쳐도 감당이 안 된다 농사일이란 게 이론만으론 안 된다고 학생들 가르치는 식으로는 안 된다는 교장선생님 아이들 가르치는 게 쉽지 농사일 못해먹겠다고…

야누스

나른한 오후
팔자 좋은 개가 드르렁드르렁
댑싸리 밑에서 낮잠을 즐긴다
파리는 들숨에도 빨려들지 않고
연신 비비며 성가시게 구는데
점점 비좁아지는 운신의 덫
청각만으로도 감지되는 야누스의 눈엔
웅크려야 피할 수 있는 땡볕의 그림자가 일렁이고
문 밖에선
변신을 각오한 발가벗은 여자가
호시탐탐 기회를 엿보다가
슬그머니 허리를 굽힌다
떠돌이 혼백들의 정체 잃은 그림자가 비켜간
보편타당한 자리는 지워졌다, 이제
몸을 숨길만한 곳이라곤 없다
잠시 잊고 있었던
실체와 허상과 공간의 존재는 무(無)

시간의 삼각구도 코드는 사라진다
어딘가 숨겨놓은 **뼈다귀**가
빠르게 머리를 스친다
게으른 개가 비실비실 일어난다

바람 춤

상기둥에서 살구나무까지
마당을 가로질러 관통한 한 가닥 선이
아린 가슴을 잇는다.
수평의 공간을 떠받힌 바지랑대가 평행선에 기대면
완벽한 십자 클로스
어디선가 교회당 종소리가 들리고
좌우 균형의 중심이 된다
히프볼륨을 팽팽히 조이던 청바지며 화사한 분홍 쉐터
묵은 때를 씻고 왜
지퍼를 내리고 단추를 풀었을까?
깃발 세우듯 밀어 올려 우뚝 세우면
너나없이 호사스런 그네를 탄다
창공을 차고 오르려는 도도한 기상
싫컷 자고도 자꾸만 졸음이 쏟아지는 고추잠자리가
슬그머니 제 몸 닮은 구도로 앉아서
솔바람에 젖은 오후를 말리고

뽀송뽀송해진 빨래들이 날갯짓을 시작하면
만국기로 펄럭이며 비상을 준비 한다
고향이 창고 大개방 할인매장이거나
출생지가 중국인 이유로 멸시 받던 친구나
파리가 패션의 중심이라고 으스대며 근사한 티를 내던 백화점 출신들
우산 준비 할 필요가 없다고 기상예보를 하던 그 여자
부끄러운지 뒤집힌 빨간 미니스커트로 하늘을 가렸다
브래지어의 후크도 터져 있다,
바람이 마당을 들어 올리고 있다

분망한 개미

바람 없는 날
실타래가 풀어졌다
엉키고 꼬인 매듭
벽을 타고 풀릴 듯
장롱 밑으로 숨어들기도 하고
책상을 올라가기도 한다
장마소식을 듣고는 싸워보지도 못하고 저버린
패잔병들의 퇴각행렬
고물고물 까만 줄을 따라 가면
길은 없고 종행무진 미로만 얽혀 있다
빗나가는 일기예보

뚝배기

속이 뒤집히고 울화통이 터지고
부글부글 끓던 일이
어디 어제 오늘 얘긴가
단순 반복의 고통도 이젠 익숙해져
메치기 전엔 절대로 본색 드러낼 수 없으니
속이 문드러져도 얼굴색 하나 까딱 않는다
불지옥 견뎌낸 이의
천년 간직한 숨결
굳어진 표정
오래되었다.
잊혀진 기억을 되살리기도 가물가물한
뒤틀리는 몸 똑바로 가다듬는 것은
휘지 않는 자 깨진다는

동굴의 내력

거꾸로가 바로라면
바로가 거꾸로인 때 있다
가랑이 사이로 엿보면
바로 보일 때 있다
사람이 되고 싶어
백일을 참았던 곰
곰의 흔적이 있는 곳
눈비 맞아 본적도
바람 쐬어본 기억도 없는
종유석 되어
수억 년을 살고도 새싹인 양 여린 척하는,
하늘 보이지 않으면
아래만 보고 살아야 한다
언제나 칠흑 어둠에 숨어살며
새가 되지 못한 쥐와
쥐가 되지 못한 새
박쥐는

끝내 기형아
목매달고 죽은 자의 한이 되어
때론 뒤집어야 한다고,
거꾸로 살아야 한다고 외치는 거다
거꾸로가 바로인 동굴의 속성

깃발

나부껴야 한다,
사납게 펄럭여야 한다
토끼를 낚는 매처럼
사슴을 덮치는 호랑이처럼 포효하며
천군만마 앞에 폭풍 일으키며 치달려야 한다

날개 달린 발의 질주를
누가 감히 막아설까
깃이 찢겨
너덜너덜해질 정도가 돼야 이름값을 한다

비를 맞는 꼴 못 본다
축 늘어진 꼴 못 본다
청승맞은 꼬락서니
하강되어야 한다
땅에 떨어져 깃이 아닌 발이 돼야 한다

엄숙하고 경건한 마음
우러러봐 주길 고대하면서
높은 곳을 고집하는 이의 상징

우뚝 선
깃
발

바다에 이르러

우레와 같은 뇌성을 치며 떨어지는 우렁찬 하얀 물기줄기가 차라리 경이로 움은 폭포수가 높은 곳에서 떨어지지만 높은 중에도 낮은 곳을 택한 감히 흉내 내기 힘든, 물만이 가지고 있는 지극히 겸손함 때문이 아닐까.

너 나 할 것 없이 모두가 지향하는 높은 곳에 집착하지 않고 처음부터 아예 낮은 곳을 정해놓고 어떠한 일이 있어도 무조건적 고집으로 낮은 곳만 골라 오로지 그 길로만 임한 물이다.

욕심을 버리고 묵묵히 아래로 아래로만 흘러 작은 골짜기에서 도랑이 되고 내가 되고 강이 되었다. 흐르는 동안 산이 가로막으면 돌아가야 했고 바위가 막으면 힘겹게 넘어야했던 인고의 세월 속에도 인연의 끈이 있어 수많은 샛강들을 만나 큰 강이 되었다

바다. 목표였을 뿐 목적지는 아니었다. 마침내 도착한 그곳은 한없이 깊고 한없이 넓고 넓은 바다였다.